Charles de Mazade

De la Démocratie en littérature

Le savoir en poche

ISBN : 978-1548068653

10 9 8 7 6 5 4 3 2 1

Charles de Mazade

De la Démocratie
en littérature

Le savoir
en poche

Table de Matières

De la Démocratie en littérature

Nous sommes engagés, chacun en a le sentiment invincible, dans une de ces épreuves *du feu* d'où il faut que le génie de la civilisation sorte épuré et rajeuni, s'il ne doit y manifester sa corruption et s'y consumer. Et ce qui la caractérise, ce n'est point seulement cette contrainte où s'est trouvée une société, qui croyait à son avenir, de se mettre sous la sauvegarde de la force, d'aller camper tout entière, la main sur le mousquet, à la lueur des étoiles, incertaine du lendemain ; c'est bien plutôt la profonde subversion morale qui prépare le tragique enchaînement de ces convulsions extérieures ; c'est le désordre effréné des esprits, l'égarement des âmes, l'altération des sentiments et des idées ; c'est cette immense plaie de l'anarchie enfin, que l'incertitude entretient et envenime, qui s'aggrave par sa durée même, et finirait, en se prolongeant, par livrer un peuple usé à la fatalité des éruptions périodiques. Dans ce bilan de nos misères et de nos anxiétés, ne faut-il point compter aussi cet état compliqué où sont tombées les lettres elles-mêmes, état d'incohérence et de décomposition où elles se débattent, attendant un peu d'air salubre qui ne vient pas ? Oui, pour tout homme qui réfléchit, cette défaillance du principe intellectuel est un des éléments de la crise que nous traversons à grand'peine ; mieux encore, elle l'exprime, elle en est l'image. Je n'énoncerai point une vérité nouvelle en rappelant quelle intime connexité existe entre le développement de la pensée littéraire et le développement social, de telle sorte que tout ce qui se produit dans la littérature, — progrès, stagnation, excès hideux ou décadence, — est l'infaillible indice de ce qui fermente au cœur même de la société. Appliquez cette vérité à notre temps : deux ans sont passés depuis que le *tourbillon d'un jour d'hiver* nous a livrés à l'inconnu ; — où avez-vous pu signaler quelqu'une de ces manifestations spontanées et éclatantes qui rendent témoignage d'une vitalité nouvelle ? Fécondité de l'art, vivacité de goût, puissance saine de l'imagination, vigueur ou élégance de la raison virile, — tous ces signes d'une société cultivée et heureuse, qui nous les rendra, qui les fera de nouveau surgir à notre horizon ? qui rendra la certitude et le courage aux esprits qui les ont perdus ? où sont les talents qui, attendaient ce jour pour naître ? C'est un des spectacles les plus saisissants qui puissent, s'offrir à la clairvoyance humaine. Une révolution surgit : ce n'est point la confiance orgueilleuse en elle-même qui lui manque sans doute vous le croyez ; elle va produire ses orateurs, ses écrivains, ses poètes, comme une émanation propre de son génie ; elle va engendrer des caractères et des talents, comme tous les mouvements, profonds et justes. Détrompez-vous ! ce qu'elle traîne au grand jour de la scène populaire, c'est l'impuissance arrogante et querelleuse, la médiocrité jalouse, la sottise venimeuse qui se plaît au chaos pour y régner ; c'est un composé de caractères déprimés et d'esprits malfaisants ou vulgaires, occupés à rechercher dans les curiosités révolutionnaires du passé quel personnage ils rajeuniront, quelle figure visible ils devront prendre. Elle va recruter un à un, sous nos yeux, les chevaliers errants : du paradoxe littéraire, usés déjà dans cette démagogie anticipée qu'ils avaient introduite dans l'art. Incompréhensible régime de stérilité maladive, d'indigence furieuse, de passions basses plutôt que profondes, d'inventions niaises et de langage barbare ! Que peut prouver cette manifeste impuissance de l'esprit révolutionnaire depuis deux ans ? C'est qu'il faut bien, apparemment, qu'il porte en lui quelque chose qui flétrisse la nature morale, la nature intellectuelle ; c'est qu'il faut bien que, dans l'atmosphère créée par lui, il y ait quelque chose d'incompatible avec le développement régulier et sain des facultés humaines puisque les intelligences s'y énervent, s'y dissipent ou s'y abrutissent. Et quels sont aujourd'hui, au contraire, les hommes qui nous apparaissent comme les dépositaires de la pensée et de l'éloquence dans notre pays, qui grandissent même sous notre regard ? Ne sont-ce pas ceux qui luttent contre cette domination, qui s'en font les glorieux rebelles, et signalent chaque jour, avec l'indignation de l'honnêteté révoltée, les progrès de l'envahissement révolutionnaire dans l'ordre politique, comme dans l'ordre moral, comme dans l'ordre littéraire ?

L'intérêt profond et actuel de l'heure où nous vivons, c'est de savoir comment le vrai, le bien et le buste auront raison de cette conjuration du sophisme, des idées perverses et des passions serviles, par quelle série de combats ces éléments, qui sont l'âme même de la civilisation, retrouveront leur action naturelle et légitime au sein de la société pour la vivifier. Ce sont là les véritables opprimés de l'esprit révolutionnaire. Ils ont été vaincus en février surtout ; ils l'ont été bien avant. Ils ont été vaincus le jour où, par une pente insensible, la certitude et la foi morale, l'idée du respect, le sentiment élevé et simple du devoir et même ce culte du beau, charme ineffable et sévère des natures d'élite, ont commencé de s'effacer devant je ne sais quel idéal amoindri, je ne sais quels stimulants grossiers, je pesais quelle interprétation matérialiste de la vie humaine, enseignant à l'homme qu'il n'a que des droits, préconisant la divinité du bien-être et la légitimité du succès. Et qu'on suive maintenant cette altération des notions supérieures, ce désastre des vérités sociales dans leurs conséquences positives, palpables, contemporaines. Ah ! je voudrais qu'il se trouvât un de Maistre pour rudoyer un peu les optimismes de toutes les nuances et de toutes les sectes, pour gourmander les infatuations de notre temps en les ramenait impérieusement à la réalité qui nous opprime. À ceux qui disent : Nous élevons l'édifice des destinées nouvelles ! la réalité répond par l'accumulation des ruines ; à ceux qui disent : Nous poursuivons le bonheur, nous aspirons à son règne ! elle répond par la misère, par la tristesse qui envahit les âmes, par une sorte d'abâtardissement même dans ce qui nous reste de jouissances ; à ceux qui disent : Nous émancipons l'esprit humain, nous lui rendons le sceptre, nous le mettons en possession de la puissance ! elle répond par l'appauvrissement du génie intellectuel, par le morcellement des facultés littéraires, par la dépression intérieure du talent. Extrême et douloureuse situation pour des hommes que celle où ils se sentent ainsi frappés dans tout ce qui les fait vivre, dans leur foi sociale ébranlée, dans leurs intérêts qui n'ont plus de sauvegarde, dans leur pensée obscurcie qui ne sait plus où les conduire, dans leur imagination qui ne peut plus même arriver à les charmer, et qui s'amuse à les corrompre !

Quel est, en littérature, ce mal inconnu qui se traduit chez le plus grand nombre en dépravation, en inconsistance, en frivolité ambitieuse, en spéculations éhontées, qui s'insinue parfois jusque dans les meilleurs esprits et les abaisse, et dont la trace se laisse apercevoir dans les applications les plus sérieuses de la pensée ? C'est une question d'un ardent intérêt, soulevée dans un livre récent de M. Philarète Charles. Les *Études sur les hommes et les mœurs au XIXe siècle* sont une vive analyse des tendances contemporaines. L'auteur y jette un coup d'œil scrutateur sur les mille nuances intellectuelles, et morales de son siècle. Observateur singulier, qui, comme dernier trait caractéristique, n'est point sans porter lui-même l'empreinte de quelques-unes de ces *influences* qu'il décrit, et sans laisser apparaître quelques-uns de ces *faibles* pour lesquels il a une ironie qui ne porte pas toujours où il voudrait et, qui s'égare quelquefois ailleurs qu'il ne pense ! Le mérite de M. Chasles, c'est de travailler à mettre à nu les origines de ce mal mystérieux dont je signalais l'existence dans la littérature, et qui s'est révélé sous tant d'aspects différents. Les uns l'ont nommé l'industrialisme ; d'autres y ont vu surtout l'ardeur brutale du scepticisme moral ; chaque difformité, chaque déviation a été observée. L'ensemble de ces vices littéraires contemporains ne s'éclaire-t-il point aujourd'hui, à vos yeux, d'un nouveau jour ? n'y reconnaissez-vous pas les faces diverses d'un mal unique, plus profondément inhérent à la condition générale de notre temps : le despotisme dissolvant et corrupteur d'une fausse idée démocratique ?

La démocratie est la loi invincible du XIXe siècle, dit-on, elle pénètre notre société par tous ses pores, elle triomphe même des barrières qu'on lui oppose. Soit : le fait frappe assez tous les regards. Il est seulement à craindre qu'elle ne triomphe avant de posséder cette règle idéale, ce frein puissant, cette pensée supérieure destinée à féconder son action. La démocratie elle-même le sent bien lorsqu'elle se met a la recherche d'un ressort nouveau, d'un idéal nouveau qu'elle ne peut trouver, et, en attendant, ce qui apparaît d'elle, comme l'éclair d'une lumière lugubre, c'est une passion furieuse et aveugle de nivellement ; une énergie effrayante et malheureusement victorieuse de dissolution ; elle abaisse et elle décompose ; elle déploie la force destructive d'un élément révolutionnaire, et rien de plus. Mesurez son action dans la politique : elle a fait voler en poussière les méthodes éprouvées, les combinaisons de la maturité humaine ; elle a dissous les idées et les traditions, et de cette poussière des traditions et des grandes idées politiques, vous voyez ce qui naît : la réhabilitation du vice et de la passion famélique, la haine distillée, en doctrine, la théorie de l'*anarchie*, la déprédation et la promiscuité érigées en système, — tout ce qui a fait frémir et reculer l'humanité, en se levant devant elle comme une vision sinistre dans ses heures de crise ! Observez les mœurs à leur tour : là aussi, ne sentez-vous point vivre et agir la même fureur inexorable de décomposition ? La démocratie a dissous les mœurs, à proprement parler, par la puissance de l'envie et de la jalousie qu'elle a fait germer entre les hommes, entre les classes, en énervant l'esprit de famille au profit de je ne sais quel sentiment d'une communauté supérieure, et même qu'elle émousse et éteint l'esprit national au profit de je ne sais quel cosmopolitisme humanitaire. En jetant cette confusion funeste dans les mœurs, sait-on ce qu'elle a détruit ? Elle a détruit la base même où s'appuient les caractères, le milieu où ils se forment, où ils se retrempent sans cesse et où ils peuvent contracter quelque originalité et quelque grandeur. Il est resté cette vie contemporaine sans profondeur et sans fixité, asservie au fait, brisée et, dispersée, au vent des surexcitations quotidiennes ; théâtre mobile où se promènent des fantômes, où s'agitent de quasi-hommes publics, de quasi-orateurs, de quasi-tribuns, occupés à envelopper la société, désarmée et surprise, dans les réseaux de leurs habiletés frauduleuses ! Et, dans le domaine intellectuel, quelle condition inévitable et impossible la démocratie a-t-elle faite à la pensée littéraire ? Celle de vivre et sans la spontanéité individuelle, qui périt dans la déification absolue du nombre, sans la conscience, cette portion morale de l'homme, opprimée et étouffée sous la domination énervante d'un matérialisme qui éteint une à une toutes les inclinations supérieures, sans le goût, cette vertu délicate de l'esprit, qui subit la dépression commune et disparaît dans le naufrage de toutes les distinctions ! Là, comme dans la politique, comme dans les mœurs, si vous jugez de haut ; vous verrez l'esprit de démocratie par une action incessante, souvent furtive et inavouée, briser les liens de la discipline intellectuelle, émanciper les ambitions illégitimes, affaiblir l'autorité de l'idéal, scinder les facultés humaines, isoler l'imagination de la conscience dissoudre, en un mot, dans leur source même, l'inspiration et la moralité littéraires, et préparer ce régime sans nom de vulgarités ou d'excès, de violences et de défections, dont nous sommes les témoins attristés. Cherchez bien, calculez et pesez toutes les causes qui expliquent à vos yeux l'affaissement contemporain ; il n'en est point qui ne se rattache à celle-ci : le développement inintelligent et brutal, dans les idées comme dans les faits, d'une fausse notion de démocratie. C'est la raison d'être de cet esprit d'impuissance et d'avortement qui plane tristement sur notre époque. Comprenez-vous maintenant comment il se fait que ce mouvement de février, dernière et gigantesque explosion de l'instinct démocratique livré à lui-même, n'ait produit ni une grande idée, ni un caractère éminent, ni uni œuvre littéraire digne d'être remarquée ; pourquoi il n'a donné le jour qu'à des destructeurs, des sophistes et des incapables, sans doute pour vérifier le mot rajeuni par M. Proudhon : « Les bêtes elles-mêmes ont parlé ; » pourquoi aussi, dans les lettres, il n'a fait naître rien de saillant, rien de victorieux, et est réduit encore aujourd'hui à trouver sa plus fidèle expression dans des œuvres telles que le livre nouveau de M. Sue *les Mystères du Peuple* ; — où je ne sais ce qui est le plus absent, de l'originalité, de la droiture morale ou du goût !

Serrons de plus près, si l'on veut, ces symptômes intellectuels de notre temps, en les rapprochant de leur source. Que résulte-t-il, en effet, pour la littérature, de ces conditions nouvelles issues d'une malfaisante idée démocratique ? La première conséquence visible, c'est que l'instinct du beau, la cession du vrai, le respect des choses sacrées de l'esprit, ne dominent pus et ne fécondent plus la vie intellectuelle. La pensée et l'imagination cessent d'avoir la conscience de leur but idéal et de leur moralité ; ci n'ont plus en vue, comme par le passé, d'éclairer les hommes et de les élever en les charmant. Elles

se réduisent à ce rôle méprisable de flatter, d'entretenir ou de surex-
citer tout ce qu'une série de révolutions ont pu éveillée d'instincts
avilis, de curiosités versatiles et de fantaisies irritées ; elles se font les
complaisantes et lâches auxiliaires de cette fièvre de jouissances et
de connaissances superficielles qu'on veut bien appeler, je ne sais par
quelle ironie ; un des signes de notre grandeur, et qui n'est qu'une des
faces de la corruption de l'intelligence moderne. N'avez-vous point
vu, sous vos yeux l'inspiration et la science s'amoindrir et se mor-
celer dans mille applications équivoques, dans mille manifestations
sans puissance et sans durée ? ' Et peu à peu, dans cet entraînement
universel, les qualités viriles de l'esprit se dégradent, la force intellectuelle s'énerve, le niveau général des idées et de l'art s'abaisse jusqu'à
un degré où toutes les notions se mêlent et se confondent, où il ne
reste qu'un mobile et une mesure à tous les efforts, le succès, et où se
dévoile comme un pandémonium vivant de toutes les impuissantes,
de toutes les médiocrités de tous les corrupteurs et les trafiquants
vulgaires de la pensée. C'est le demi-talent enivré de lui-même, qui
cherche l'originalité et aboutit souvent au cynisme et à la barbarie
raffinée du langage en se proclamant l'enfant de la fantaisie ; c'est celui qui épie le vent des caprices populaires, qui a toujours une œuvre
prête sur le sujet qui devient *actuel*, et prétend, sur toute chose, à
la priorité ; c'est celui qui parle de tout et de rien, — espèce assez
commune de nos jours ; — celui qui fera de la philosophie, si vous y
tenez, de l'histoire, s'il le faut, de la politique, si vous l'aimez mieux,
mettra même en roman nos révolutions, pour peu qu'on l'en sollicite,
et concourra à toutes les encyclopédies, à tous les dictionnaires, à
tous les almanachs, qu'il plaira à une spéculation fiévreuse d'imagi-
ner. La médiocrité apparaît sous mille formes, sous mille aspects, en-
vahissant le domaine avili de la pensée, croyant à sa légitimité, à son
droit de vivre littérairement, prenant ses vices mêmes pour des titres
à la gloire, et laissant sur tout ce qu'elle touche sa triste et vulgaire
empreinte. C'est un phénomène sensible dans notre époque : plus
nous avançons, plus il est vrai que la vie littéraire perd de ses conditions de travail, d'élévation et de moralité, plus il est certaines qualités intellectuelles qui pâlissent et s'effacent, — le goût, le bon sens, la
simplicité vigoureuse, la rectitude de l'inspiration, l'éclat d'un sentiment pur, l'honnêteté et la grâce féconde de l'imagination ! Et, tandis que le véritable esprit littéraire se dissout dans cette atmosphère,
comme une fleur dans un air malsain, vous voyez grandir un autre
esprit, plein des vices des décadences, qui contracte 'le goût dépravé
et frivole, l'amour des corruptions secrètes, le culte du faux éclat,

l'impuissance d'un tact émousse et l'étourderie dans la contusion. Cet esprit a son armée, je l'ai dit dans cette masse de la médiocrité, jetée en conquérante par l'instinct de démocratie dans l'enceinte démantelée de l'intelligence, et il a aussi ses héros, que j'appellerai les Catilina de l'imagination. Pourquoi ne le dirait-on pas hardiment de ceux qui oublient si aisément parfois leur qualité d'écrivains, et ne s'en souviennent que pour s'éditer eux-mêmes et tenter le public par l'amorce de leur vieille renommée ?

Il n'est rien de plus douloureux peut-être, pour un esprit juste et sincère que de voir cette triste et fatale loi de décadence trouver son application dans une de ces intelligences qu'on s'était accoutumé à invoquer comme une vivante image de la poésie, de sentir se briser une de ces admirations qui vous relèvent vous-même. N'est-ce point un sentiment de ce genre que fait naître M. de Lamartine, quand on mesure les ravages faits dans cette âme par le souffle de tous les scepticismes et de toutes les malfaisantes influences contemporaines, quand on calcule la distance qu'il y a entre *le Lac* ou *le crucifix* et *les Confidences* ou *Raphaël* ? N'êtes-vous point frappé, chez l'auteur de *la Chute d'un Ange*, de cette simultanéité d'abaissement du tact moral et du tact littéraire, dont ses derniers ouvrages, fruits d'une imagination épuisée et qui se surexcite - elle-même, sont le vivant témoignage ? L'inspiration morale et le talent marchent du même pas dans cette voie de dégradation, et l'auteur en vient à penser à sente et à parler comme un héros de décadence. Non certes, ce n'est plus l'admiration qu'inspire aujourd'hui M. de Lamartine ; ce n'est point la haine non plus, qu'il en soit sûr ; c'est une impression d'une autre nature qu'il éveille, une impression que je ne qualifierai point et dont on ne peut se défendre en voyant cette intelligence naufragée réunir tous les dieux dans le panthéisme grossier de ses appréciations historiques et philosophiques, — le dieu de son enfance et les dieux infimes de la démagogie, — et, faire d'elle-même le sanctuaire banal de toutes les contradictions, de toutes les adorations et de toutes les sensualités.

C'est avec une sorte de candeur de cynisme que l'auteur des *Confidences* et de *Raphaël* s'obstine à dissiper les illusions que nous avions pu nous faire, et à nous dévoiler d'impurs amollissements, de précoces corruptions, de malsaines inquiétudes dans ce lointain, où nous n'apercevions que l'amant de l'idéal, le chantre des nobles mystères du cœur. N'éprouvez-vous pas comme un serrement, en voyant ce poète, qui fut aimé de tous, s'enivrer aujourd'hui d'une phraséologie mystique et sensuelle qui ne laisse rien à profaner dans ses descriptions, — rien, pas même l'heure d'amour à laquelle il doit la lumière, — ou s'amuser à faire revivre ce triste et transparent héros, — Raphaël, qui ne sait que déserter les devoirs sévères de la vie et accepte les derniers sacrifices de sa famille appauvrie, afin de pouvoir aller s'imbiber d'amour et se perdre en oisives contemplations aux pieds d'une femme athée qui ne demanderait pas mieux que d'apaiser ses désirs, mais qui est retenue par une ordonnance de médecin ? Une ordonnance de médecin ! n'admirez-vous pas la forme idéale que revêt, sous la main de l'auteur, le sentiment de la fidélité et du devoir ? J'ignore si M. de Lamartine a voulu nous faire aimer Raphaël : il nous le fait connaître du moins au prix de nos chimères de jeunesse ; et dans ce jeune homme, qui se résigne à vendre le dernier diamant de sa mère pour savourer quelques jours de plus une égoïste volupté, n'y a-t-il pas le germe de celui qui, sur une autre scène, peut déchaîner une révolution pour y briller et avoir le droit ensuite d'écrire ses commentaires, de parler de lui comme César ? Raphaël peut bien, après cela, s'avouer à lui-même qu'il eût pu être indifféremment Démosthène ou Caton, Tasse ou Mozart ; il ne fait que mettre à nu une autre des misères de notre temps, où par une coïncidence qui n'a rien d'étrange au fond, la corruption de l'intelligence se combine avec la recrudescence de l'orgueil individuel de l'orgueil ! je me trompe encore, ce n'est point même de l'orgueil, c'est une vanité puérile et maladive qui se caresse et s'exalte elle-même. Plus l'idéal des choses pâlit à nos yeux et s'abaisse, plus ce sentiment inférieur s'agite et se dresse comme un venimeux reptile. L'individualisme se couronne même de ses infirmités, la personnalité se fait jour avec un fiévreux emportement, la préoccupation de soi-même sert d'inspiration ; l'écrivain monte sur son trépied sans flamme pour vous entretenir de ses ambitions, de ses puérilités et de ses trafics : heureux encore quand il ne vous met pas dans la confidence de la manière dont il a dépecé quelques morceaux de son cœur pour préserver quelques morceaux de ses terres ! Voilà un des traits de l'abaissement du niveau moral et intellectuel ! Voilà la contagion qui a gagné M. de Lamartine et qu'il propage aujourd'hui !

Et, hier encore, n'aviez-vous pas sous les yeux, dans M. Hugo, une autre des personnifications les plus naïves de ce faux esprit littéraire, adorateur de lui-même, prétentieusement puéril et acharné au succès, qui mutile les éléments humains et les combine, non dans la mesure de la vérité, mais dans la mesure de ses caprices et de ses calculs ? Les doctrines de M. Hugo, sur ces crises qui effraient le monde, sont pour vous une énigme peut-être ; c'est que vous y cherchez quelque chose de politique, et de profond, et ce ne sont vraiment que des doctrines littéraires qui jettent leur dernier venin. Ne vous souvenez-vous plus de l'idée singulière de M. Hugo, que le poète est libre, qu'il peut croire « en Dieu ou aux dieux ; à Pluton ou à Satan… ou à rien ? » Oubliez-vous que l'auteur d'*Angelo* se crée, pour son usage, une société modelée sur ses drames, qu'il dispose d'une vérité historique, d'une vérité sociale qui consiste à mettre en opposition l'héroïsme et le génie des bouffons et des laquais et la dégradation des royautés et des noblesses, à faire triompher la vertu des courtisanes des vices des honnêtes femmes ? L'antithèse s'use pourtant ; on la siffle au théâtre, et il faut bien la rajeunir : de là cette impatience fébrile à se jeter sur cette source immense et doulou-reuse d'antithèses, la misère ! de là ces déclamations symétriques où vous voyez apparaître l'esprit clérical et l'esprit de progrès per-sonnifiés et vivants comme des héros de mélodrame. Il y a pour ce faux esprit littéraire un besoin inhérent à sa nature même : c'est le besoin de paraître, de se draper dans ses métaphores, d'assembler les passants ; de tenter sans cesse la popularité et de primer sur tout. Il est donc bien difficile de rester à son poste, le simple et fidèle soldat du bon sens, de la vérité, de la justice sociale ; il y a donc des pers-pectives bien enivrantes dans le voisinage des armées qui n'ont point de chefs ! Olympio se lassait de n'être que Shakspeare ou Molière, il veut être Mirabeau, à moins que les lauriers de M. de Lamartine ne l'empêchent de dormir, et il s'essouffle à poursuivre l'éloquence des tribuns ; il médite ses sarcasmes il discipline se phrases comme des soldats peints en rouge sur un damier, il calcule ses saillies, il allume à froid ses colères, et, pour prix, il a la chance de voir ses discours propagés avec les almanachs démocratiques, les chansons de M. Nadaud et la prose de M. Joigneaux. N'y pourrait-on pas joindre aussi *Lucrèce Borgia* et *Angelo*, pour édifier la moralité po-pulaire ? Les ambitions d'Olympio, au reste, lui réussissent si bien et fécondent si heureusement son génie, qu'il en arrive, de succès en succès, à ramasser, dans ce qu'on a justement et spirituellement nommé « des mélodrames de tribune, » les petites incrédulités du libéralisme de 1820. Olympio est converti à Voltaire, qu'il appelait autrefois un *singe de génie*, et il a aujourd'hui, — qui le croirait ? — les hardiesses du *Dictionnaire philosophique* ! — S'il faut parler sé-rieusement, Voltaire du moins, quand il lançait ses injustices, quand il déployait cette verve injurieuse et funeste qui n'a rien épargné, avait en face de lui un clergé en possession des honneurs, des digni-tés et des richesses ; il parlait avant 93 ; avant l'heure sanglante des épreuves, et nulle ombre sinistre ne se projetait sur son sarcasme. Je crois rendre plus de justice à l'auteur de l'*Essai sur les Mœurs* que M. Hugo, qui l'imite en le diffamant ; je crois rendre plus de justice à cet incomparable esprit en me figurant qu'il eût renié, avec cet instinct du courage qui ne s'acharne point aux vaincus, avec cet instinct supérieur du talent qui méprise les déclamations usées, cette postérité bâtarde, occupée depuis soixante ans à exprimer de ses livres tout ce qu'il y a d'humeurs agressives, de caprices injurieux et de vivacités émoussées. Peut-être même son ironie eût-elle changé de but : il n'eût point manqué surtout, j'imagine, d'étincelants sarcasmes pour livrer à la risée publique ces esprits ambitieux et faux, saturés de fictions corrosives, qui traînent sur tous les théâtres l'orgueil de leurs sophismes vieillis et de leurs chimères ; — fatalistes honteux qui parlent hypocritement de Dieu et de la liberté, grands apôtres de morale universelle qui purifient de leur souffle l'adultère et l'inceste et poétisent les courtisanes, grands prétendants au style qui en viennent à recueillir dans les polémiques obscures ces lambeaux de phrases souillées sur le *parti prêtre*, sur les *mystères du confessionnal*, ou *l'ombre des soutanes* !

Un trait commun à ces talents faussés, qui abondent par malheur dans notre temps, c'est que la puissance des catastrophes ne parvient ni à les éclairer, ni à les émouvoir, ni à troubler un instant cette suprême satisfaction d'eux-mêmes où ils vivent. Ils sont aujourd'hui ce qu'ils étaient hier, les hardis et malfaisants spéculateurs de l'imagination. Ils se drapent glorieusement dans leurs haillons déteints, et ils semblent ne se point douter de tous les outrages qu'ils infligent au sentiment moral aussi bien qu'au sentiment littéraire. Ils jouent avec nos malheurs comme avec les éléments d'un roman ou d'un drame, ils triomphent même des ruines. Qu'importe à M. Dumas, l'un des héros de cette vie aventurière de l'esprit, que tout chancelle autour de lui. Il proclamera, dans une *préface*, la souveraineté de l'art, personnifiée en lui sans doute, au-dessus de tous les écroulements contemporains ; il tournera la roue de cette machine à production d'où sont sortis mille plagiats, mille compilations, mille récits sans génie, et d'où s'échappe encore aujourd'hui *le Collier de la Reine*, qui s'arrête modestement au vingt-cinquième volume ; ou bien il rédigera un journal pour raconter dans le style de *Monte-Cristo* et des *Filles, Lorettes et Courtisanes*, les révolutions de la Hongrie et les malheurs de Venise. M. Dumas a un mérite original et rare : il trouve moyen de révéler des côtés bouffons et grotesques dans les désastres de l'intelligence littéraire. On oublie presque qu'on vit dans un monde sérieux, en voyant l'auteur des *Trois Mousquetaires* promener su candidature universelle aux dignités politiques des Pyrénées au Rhin, de France au-delà des mers, et semer dans les journaux ces lettes, précieuses de ridicule, où il dit leur fait aux hommes d'état, pauvres hommes d'état qui ont le tort de ne point goûter la saveur généreuse des viols d'*Antony*, des accouchements clandestins d'*Angèle* et même des mystiques hystéries du *Compte Hermann*, cette révélation prophétique de l'art rajeuni ! Pourquoi ne point le dire en effet ? M. Dumas aspire à une gloire nouvelle, celle de régénérer l'art en le *moralisant*, en le *spiritualisant*, ainsi qu'il l'affirme. Et comment, je vous prie, travaille-t-il à cette régénération ? En offrant comme l'effort sublime du devoir, comme le type de la moralité idéale, le dévouement d'un honnête mari qui se suicide pour rendre la liberté à sa femme, qui aime un autre homme et est prête elle-même à se suicider avec son amant. L'auteur est-il bien sûr, loin d'avoir corrigé le matérialisme d'*Antony*, comme il l'avance, d'avoir fait autre chose que le compliquer d'un mysticisme prétentieux de sentiment et de langage ? N'est-ce point toujours l'idée de la passion primant le devoir ; qui s'élève ici à un degré d'incohérence étrange ? dernier et curieux spécimen de cette vanité qui se débat dans la confusion morale où elle s'enfonce, dans l'impuissance littéraire qu'elle s'est faite, et qui rêve, elle, aussi, les synthèses sociales où apparaissent Louis XVI, Cagliostro, Mesurer, Charles X, et Louis-Philippe, passant et se succédant pour aboutir à la profonde et morale création du *Comte Hermann* !

C'est le malheur des lettres contemporaines d'avoir respiré cette corruption et de l'avoir communiquée à leur tour ; c'est le malheur de l'esprit littéraire réduit à cette déification vulgaire de lui-même ; dénué de ce souffle moral qui fait sa vie et son élévation, de s'être trouvé désarmé contre cette fatalité, qui, à mesure qu'elle lui ravit une ressource, une grâce, une vertu, lui crie encore : Marche ! marche ! et le pousse chaque jour à quelque sacrifice nouveau, à quelque profanation nouvelle. Et observez comme il y a une sorte de logique inexorable dans cette mutilation exercée par l'esprit littéraire sur lui-même, comme les effets désastreux en jaillissent un à un ! Quand on est hors des voies fécondes et sévères de l'art, où est le terme, où est le degré dans le morcellement ou dans la licence après lequel on pourra dire : Assez ? — L'excès devient le refuge du talent, de peu de foi ; l'observation, émoussée et inhabile à ressaisir les vraies nuances de l'âme humaine, la gradation naturelle des sentiments, se jette à la poursuite d'un autre élément de succès, ramasse tout ce qui s'offre à elle de voluptés grossières à peindre, d'entraînements effrénés à reproduire ; elle contracte le goût des impuretés et des souillures. Vous avez ce que vous donne aujourd'hui M. Sue, — *les Mystères du Peuple*, -l'idéalisation, si l'on peut se servir de ce mot, de tout ce qui se cache de folies révolutionnaires sous le nom de socialisme ! Vous avez la haine, l'envie, la diffamation à l'état brut et grossier. Je donne surtout cette œuvre méprisable comme le résumé de tous les excès et de tous les abaissements de ce genre de littérature. Qu'est-ce donc que ce livre, imagé, orné de citations de chants bretons, de passages de M. Thierry ou de M. Guizot, qui « émeut, étonne, épouvante » comme dit l'affiche, et est destiné à opérer « la réconciliation du peuple et de la bourgeoisie ? » Ecartez cette tactique mielleuse et venimeuse d'une prétendue identification de la bourgeoisie et du peuple par le socialisme, — fantaisie que M. Sue n'a point imaginée, qu'il a reçue des mains d'un maître en ces sortes d'inventions ; — le sens des *Mystères du Peuple* n'est point une énigme : c'est toujours la pensée de la division de la société en deux classes irréconciliables que l'auteur appelle, selon l'habitude, les *opprimés* et les *oppresseurs* ; les mots importent peu ; — c'est la traduction un peu moins franche de cette terrible parole recueillie dans les manuscrits de Robespierre : « Quand l'intérêt des *riches* sera-t-il confondu avec celui du peuple ? — Jamais ! » Le livre de M. Sue n'a point d'autre sens que de reproduire cet antagonisme, de lui donner l'intérêt de la fiction romanesque ; il en fait la démonstration vivante aux passions contemporaines ; dans le passé comme dans le présent ; il donne la force des traditions pour appui aux ressentiments modernes, et enracine en quelque sorte la haine dans le sol historique, et Dieu sait quelle image de l'histoire souillée et envenimée se dégage des mains de l'auteur ! M. Sue ne remonte pas bien haut, en vérité ; il ne remonte qu'aux Francs et aux Gaulois, à Brennus et au druidisme qu'il restaure, sans doute pour opposer la religion des vaincus à la religion des oppresseurs. L'un des héros des *Mystères du Peuple* professe le druidisme en effet, et appelle ses enfants Sacrovir et Velléda. Pourquoi, étant en si bon chemin, l'auteur ne remonte-t-il pas, sur les traces de M. Proudhon, jusqu'à Caïn, le premier des propriétaires, et Abel, le premier des prolétaires ? Cet antagonisme traditionnel ; toujours vivant au dire de M. Sue, a ses personnifications contemporaines dans *les Mystères du Peuple*, dont la fable s'ouvre à la veille de février, à l'heure où va recommencer la lutte entre les vaincus et les vainqueurs, et, on l'imagine, les vices et les vertus sont assez inégalement partagés. Que vous dirai-je ? les fils des Francs, ce sont toujours les oppresseurs du peuple, dont la fortune a pour source la rapine, qui ont trempé dans tous les crimes de lèse-humanité et dans toutes les débauches. C'est un comte de Plouernel, colonel de dragons qui vit avec les courtisanes, qui trouverait assez de son goût de déshonorer une jeune fille, et se console de n'être point marié en songeant qu'il doit bien exister quelque bâtard de son fait pour continuer son nom : soudard, du reste, dont le sabre est au service de toutes les tyrannies. C'est encore un cardinal de Plouernel, selon l'imagination de M. Sue, — grand admirateur des *jolies jambes* de la maîtresse de son neveu, et grand politique aussi, qui raisonne le colonel et lui enseigne ce que c'est que le peuple : « Enchaînée à la glèbe, isolée et abrutie, l'engeance est plus domptable ; dit-il ; c'est là qu'il faut tendre et arriver. » Je ne vous priverai pas assurément du dernier mot de cette politique des Francs telle que M. Sue la dévoile à ses lecteurs : «…Cours prévôtales, rappels des crimes de sacrilège et de lèse-majesté depuis 1830, jugement et exécution dans les vingt-quatre heures, afin d'écraser dans leur venin tous les révolutionnaires, tous les impies…, une terreur, une Saint-Barthélémy s'il le faut : la France n'en mourra pas ; au contraire, elle crève de pléthore, elle a besoin d'être saignée à blanc de temps à autre… » Ceux qui sont aussi les Francs, ce sont « les ducs de l'hypothèque, les marquis de l'usure, les comtes de l'agio, » que M. Sue n'oublie pas dans ses peintures. Les fils des Gaulois, ce sont les opprimés, les serfs, les prolétaires, qui portent le poids de toutes les exactions et gardent l'immortelle rancune de la spoliation franque ; ce sont tous les génies, les vertus et les héroïsmes auxquels M. Sue donne pour théâtres les clubs, les barricades et les sociétés secrètes. C'est Marik Lebrenn, le héros de la « réconciliation de la bourgeoisie et du peuple, » le marchand qui prend pour enseigne : *A l'épée de Brennus* ! qui a une de la toile le jour, préside le soir les sections des sociétés secrètes, et a des moments de lyrisme sur l'organisation du travail, la démocratisation du capital, l'immoralité de la concurrence et la tyrannie des « hauts barons du coffre-fort. » C'est George Duchêne, le sous-officier retiré et méconnu, soldat des conspirations occultes encore, type de vertu et de stoïcisme populaire, dont la fiancée a été jetée par le chômage à la prostitution, et qui fait un cours d'histoire *prolétaire* sur les rois, les grands, et leur allié le clergé, sur cette coalition éternelle cimentée par la haine du peuple, des *Gaulois*. J'oubliais un personnage, c'est cette « bonne vieille petite mère l'insurrection, » ainsi que l'appelle M. Sue. Comment l'oublier ? c'est la moralité qui plane sur l'œuvre ; elle est au frontispice, elle se dégage de toutes les lignes, elle suinte à travers la trame grossière de

Charles de Mazade

cette invention repoussante : mélange hideux de cynisme, de venin, de perfidie, d'ignorance calculée et de corruption systématique ! Et quel est l'écrivain qui remplit ses pages de ces falsifications de la vérité, de la moralité humaine, de ces appels venimeux adressés à tour ce qui fermente de rancunes obscures, de haines furieuses, d'instincts inassouvis, et qui vient aujourd'hui, sous nos yeux ; se faire l'un des héros du socialisme ? Ayez un peu de mémoire ! C'est celui qui, lorsque le vent soufflait ailleurs, se faisait un autre bagage pour arriver au succès. — C'est l'écrivain de la Vigie de Koat-Ven qui voyait dans la chute de « l'antique croyance monarchique et religieuse » et dans la disparition des inégalités sociales la source de tous nos malheurs, qui professait un assez aristocratique dédain pour le « philosophisme » et « le parti libéral et progressif, » pour les petits bourgeois besoigneux, pour les rogneurs de budget et pour le paradoxe « de l'égalité et de la souveraineté, » en vertu duquel tous peuvent prétendre à tout. C'est le démocrate assez dissimulé, on en conviendra, qui écrivait ces propres paroles : « Ceux qui méritent l'exécration…, ce ne sont pas ceux qui se battent.., mais ces habiles qui, pour parvenir au pouvoir et se le partager, ont dit un jour au peuple : Tu es souverain !… Ce sont les fous et les méchants qui, avec quelques mots vides et retentissants, le progrès, les lumières et la régénération, ont jeté en France et en Europe les germes de la plus épouvantable anarchie ! » et l'auteur des Mystère du Peuple appelait cela « la plus inébranlable conviction. » Ah ! si le peuple, en effet - non celui des manifestations, des processions patriotiques et des clubs souterrains, mais ce pur et vrai peuple qu'on caresse, qu'on entoure, qu'on sollicite pour en obtenir, qui la popularité, qui des emplois, qui des souscriptions ; — si ce peuple, dis-je éclairé sur vos variations et vos mobiles, pouvait parler dans la liberté, dans la franchise de sa conscience et de son bon sens, comme il vous jetterait d'un accent fier et résolu ce mot sorti d'entre vos rangs : A bas les masques ! Et comme il vous dirait aussi : Vous êtes des écrivains, et vous savez sans doute ce que c'est qu'écrire, ce que c'est que votre art dont je sens la grandeur sans en pénétrer les lois. Ce que je vous demande, ce n'est point de trahir et d'abaisser cet art, de faire de lui le complice de mes faiblesses et de mes passions, comme les marchands de liqueurs fortes spéculent sur les premiers éblouissements de mon ivresse ce n'est point de vous faire un esprit et un langage avilis : ce que je vous demande, c'est de me respecter un peu plus et de m'adorer moins ; c'est de me procurer quelques connaissances saines, de m'offrir des images qui me rendent meilleur en me conduisant à l'élévation de l'intelligence, à la paix du cœur au sentiment de la justice ! Dans vos livres, destinés, comme vous dites, « à mes ateliers, à mes fabriques, à mes chantiers, » je ne vois que la suspicion jetée sur Dieu et les hommes, je ne vois, que la haine suer à chaque page. J'ai l'instinct du mépris secret que vous avez de moi en voyant les travestissements que vous prenez pour poursuivre vos bonnes fortunes auprès de ma simplicité, surprise. »

La corruption du goût, dont *les Mystères du Peuple* sont le, plus brutal témoignage, n'est point sans doute un phénomène inconnu et surprenant dans la tradition littéraire ; elle a su revêtir plus d'un masque et trouver plus d'une issue. Le XVIIe siècle a eu ses corrupteurs, qui atteignirent même au succès, mais n'empêchèrent pas *le Cid, Phèdre* ou *le Misanthrope* ; le XVIIIe siècle en a compté un plus grand nombre encore dans les hasards de sa vie audacieuse. Qu'un esprit de la trempe de Rétif de la Bretonne envahisse le domaine de l'imagination, promène une inspiration malsaine dans les régions honteuses, et se crée une langue digne de cette inspiration ; que ce génie des lieux suspects, réduit au cynisme *par un sentiment superbe de son mérite*, ainsi qu'il l'avoue lui-même, élève au niveau de l'histoire l'odyssée grotesque de ses aventures, et laisse torcher de ces paroles qui pourraient être inscrites au frontispice de plus d'une œuvre contemporaine : « Lecteur, je vous livre mon moral pour subsister quelques jours, comme l'Anglais condamné vend son corps ; » que cette intelligence naïvement dépravée ait, elle aussi, son ambition réformatrice, et promulgue ses plans de réorganisation sociale, — c'est une misère qui n'est point nouvelle. Ce qui est plus nouveau peut-être et plus frappant, c'est que cet hébétement cynique se transforme en idéal, c'est que les habitudes de l'auteur des *Contemporaines* s'étendent et se généralisent, et que ses inventions deviennent un type obsédant les imaginations, se reflétant dans cent œuvres diverses ; c'est que, en un mot, au fond de notre temps, vous retrouviez, non comme une exception, mais comme une fatalité de nos entraînements, cette double altération du sens moral et du goût dans les lettres. — M. Hugo, de ce ton d'ironie légère où il est passé maître décidément après Voltaire, dressait ce qu'il appelait « l'état de services » de l'esprit clérical : ne pourrait-on pas aussi dresser « l'état de services » de cet esprit littéraire qui remplit notre époque de l'éclat de ses caprices ? Cet esprit n'a point créé, sans doute, une situation morale d'où il est né, après tout, il en a fécondé les germes, il l'a aggravée et y a ajouté ses propres vices. Voyez-le se déployer dans notre temps sous toutes ses formes, — sous la forme de ces philosophies puériles et creuses trempées dans les vapeurs d'un lyrisme bâtard, sous la forme de ces falsifications passionnées de l'histoire, sous ces formes plus essentiellement littéraires, combinées de manière à vous séduire, à vous irriter, à vous vaincre en détail, à se glisser dans votre intérieur, dans votre foyer, à votre chevet même ! Sous toutes ces formes, il a altéré les notions sacrées par le cynisme de ses peintures et de ses sophismes ; il a jeté dans les âmes la semence de ce scepticisme qui ne distingue plus même entre le vrai et le faux, entre ce qui est beau et ce qui repousse dans une œuvre littéraire, qui se partage indifféremment entre les voluptés âcres, les sensations étranges et l'admiration de la vulgarité ; il a énervé le goût général, efféminé les intelligences, saturé les esprits de chimères : — sorte d'opium versé aux imaginations, qui laisse l'engourdissement au sortir d'un sommeil enflammé ! Un éloquent anathème était, dans ces derniers temps, jeté avec amertume à cette démagogie politique dont le crime est de faire reculer la liberté et de faire douter les peuples de ses bienfaits. La même haine vigoureuse n'est-elle point due à cette démagogie littéraire, qui crée à l'esprit des jouissances aviliés et des goûts suspects, abaisse aux yeux des hommes le prix et la signification de la pensée, livre le monde aux rêves maladifs des intelligences épuisées ; et contribue, elle aussi, à faire naître cette situation extrême que dépeignait récemment un écrivain étranger, combattant la réduction des armées ? « Ce sont les armes aujourd'hui, disait-il, qui mènent à la civilisation, ce sont les idées qui mènent à la barbarie ! »

Et, comme tous les phénomènes se tiennent dans une époque, il ne faut point être étonné d'avoir vu une autre tendance, corrélative de ce déclin moral, envahir audacieusement les mœurs littéraires et y entretenir mille caractères hideux ; — c'est le développement d'un matérialisme raffiné ou brutal aboutissant au règne de l'esprit d'industrie. Supprimez les mobiles plus purs, — le respect de la pensée, la fidélité à la conscience, la notion du but élevé de l'art ; — à mesure qu'ils déclineront, ce triste et ardent mobile du gain, qui est le piège des talents mal affermis dans leur foi et l'irrésistible appât de la médiocrité envieuse et cupide, apparaîtra dans sa puissance nouvelle comme un des plus actifs dissolvants du principe littéraire. La spéculation intéressée se mêlera à l'imagination dans ses élans, se donnant à elle pour mesure, la pliant aux plus fougueux de ses caprices. Vous avez vu le mercantilisme littéraire dans ses beaux jours, écrivant sa glorieuse histoire, faisant la confidence au public des mystères de la fabrication, paraissant au prétoire, où, par malheur, nul Aristophane n'était caché pour écouter et immortaliser cette bouffonnerie. Vous avez vu de plus récents et de plus tristes exemples encore, — l'auteur des *Méditations* lui-même ne sachant point se préserver d'une telle atteinte, envoyant à domicile ses demandes de souscriptions, et s'annonçant, lui aussi, comme prêt à courir la fortune des romans en seize volumes. Qu'est devenu l'art, livré à cette autre influence, sans force pour lutter contre cet ensemble de causes avilissantes ? C'est devenu une industrie dont on a subsisté, qu'on a exploitée ; perfectionnée, qui a pu donner à un homme une certaine *surface commerciale*, ainsi que le disait autrefois l'auteur de *la Comédie humaine*. Confondu, par une invincible assimilation, dans la foule des métiers vulgaires, l'art a participé de leurs conditions, a contracté leurs préoccupations et leurs mœurs, et a mis sa vie dans les mêmes moyens : — combinaisons économiques, mutualités besoigneuses, agrégations factices, organisation d'une sorte d'alimentation intellectuelle, d'une sorte d'exploitation réglée des caprices publics ! Que sont aujourd'hui *les Mystères du Peuple*, si ce n'est une spéculation, audacieuse et habilement agencée, sur une fureur populaire ? L'esprit de démocratie, dans ses aberrations les plus actuelles, a déteint plus qu'on ne pense sur ces mœurs littéraires. L'écrivain, lui aussi, a voulu un jour s'appeler un *travailleur*, et il s'est propagé dans le monde idéal de la pensée cette idée matérialiste d'une espèce de « droit au travail » littéraire analogue au droit à la vie politique ; et au « droit au travail » industriel ; revendiqué par tout ce qui s'élève de vocations flottantes, de velléités orgueilleuses et de suffisances vulgaires. Que dis-je ? *l'association* même n'a-t-elle point eu ses prophéties de fantaisie, qui annonçaient, dans un langage lyrique, les merveilles nouvelles près d'éclore de cette confusion, et rêvaient déjà des œuvres gigantesques, des poèmes immenses comme les épopées indiennes, enfantés en commun par des légions de rapsodes enrôlés sous une *raison sociale* ? Crevez l'hyperbole, vous trouverez les associations avouées ou inavouées, publiques ou anonymes de M. Dumas. Quand la conscience même des lois primitives et de la nature de l'art s'altère, quand l'originalité s'en va, c'est-à-dire ce qui différencie les hommes, — ce qui fait, ainsi que le remarquait déjà La Bruyère de son temps, que « Virgile fait *seul* l'Énéide, Tite-Live ses Décades, l'orateur romain ses oraisons, » Dante sa *Comédie*, Cervantes *Don Quichotte*, Racine *Phèdre*, Chateaubriand *René*, pourquoi ne s'associerait-on pas industriellement au point de vue de la production, de l'offre et de la demande ? Quand l'idée de la spontanéité individuelle dans les arts périt sous l'action incessante du sophisme démocratique, pourquoi ne se produirait-il pas pour y suppléer, d'autres combinaisons fondées sur la force collective et le nombre ? M. Chasles pénètre avec force dans cette situation dont il sonde la profondeur en artiste peut-être plutôt qu'en philosophe, en fantaisiste plutôt qu'en penseur ; il analyse et décrit cette vaste organisation de l'industrialisme littéraire, qui est une des hideuses merveilles de ce temps, et dans ses peintures je vois surtout un coupable : c'est l'écrivain qui ne se respecte pas, qui ne respecte ni son esprit ni son nom.

Observez un moment chacun des traits nouveaux de ces mœurs littéraires, chacune de ces déviations et de ces faiblesses, — un caractère commun se dévoilera à vos yeux dans leur diversité. Ce sont les vices de la démocratie transportés dans les lettres, les imprégnant de leur venin et se résumant dans ces symptômes trop évidons et trop palpables : abolition de la forte et sincère originalité au sein d'une vaste effervescence des imaginations, prédominance des suggestions violentes ou vulgaires sur les inspirations du goût des ardeurs irréfléchies du succès sur la délicatesse morale, concurrence effrénée vers la fortune, irruption bruyante de la médiocrité dans le domaine intellectuel comme dans un pays livré à la conquête, transformation de l'art en métier, assimilation de l'intelligence à une industrie dans ses conditions, dans ses habitudes, jusque dans ces tentatives artificielles d'association, d'organisation, qui ne font que passer le niveau sur l'âme humaine ; — immense et confus travail de nivellement, enfin, où vous voyez les talents éminents périr de leurs secrètes blessures, les talents moyens eux-mêmes s'affaisser encore, et les nullités seules triompher, en s'arrangeant pour vivre de leur vie ambitieuse et vulgaire, et en substituant par degré la douteuse juridiction de leur nombre à la juridiction de la science et de l'inspiration ! La démocratie a cru n'atteindre que les supériorités aristocratiques, les immunités sociales ; elle a atteint plus que cela, elle a atteint dans leur source la supériorité morale, la supériorité intellectuelle : elle a détruit l'aristocratie de l'esprit, l'idée de la distinction et de la hiérarchie dans les lettres. Le génie littéraire n'échappe pas lui-même à cette singulière logique de mutilation ; il me paraît assez traité comme fine excroissance féodale, ou, mieux encore comme le capital sur lequel le niveau démocratique a hâte de passer. Tandis que les qualités les plus heureuses et les plus profondes de l'art se dissipent ou s'égarent, ne sentez-vous pas comme une sorte d'impuissance ou du moins une incroyable difficulté de rajeunissement ? Tandis que les grandes et souveraines intelligences s'en vont, s'en élève-t-il de nouvelles pour recueillir et renouer leur tradition ? Aux talents qui fléchissent ou disparaissent, voyez-vous succéder de nouveaux talents ? Et de là naît cet inquiétant et douloureux problème à mesure que la lumière intellectuelle semble se répandre, est-elle condamnée à perdre de son intensité ? il y a aujourd'hui plus d'hommes qui pensent peut-être ou qui ont toutes les apparences de la pensée : — l'intelligence a-t-elle la même force, la même vigueur, le même élan ? Le nombre de ceux qui participent à une certaine culture de l'esprit augmente sans doute : — le goût général conserve-t-il sa vivacité féconde : l'inspiration littéraire s'accroît-elle en proportion ? Ce phénomène de l'abaissement du niveau des esprits s'est révélé à plus d'une conscience contemporaine ; M. Thiers le montrait récemment se cachant sous la passion de la vulgarisation et des connaissances superficielles. Il était apparu à l'auteur du fragment sur *l'Avenir du monde*, qui voyait venir comme une menace, un *ordre nouveau* ; issu de cette fausse et dissolvante démocratie, ou les facultés éminentes du génie devraient nécessairement mourir, où l'imagination et les arts iraient se perdre dans les trous d'une « société ruche. » Merveilleux indices des prospérités futures ! singulière ébauche de l'humanité nouvelle qu'on nous prépare en commençant par la mutiler dans ses éléments les plus généreux par la priver de son génie et de son âme, par la dépouiller de ce qui l'honore et la grandit !

Un des plus tristes caractères et cette défaillance du principe intellectuel, ce n'est point peut-être l'excès d'impuissance qui s'y révèle et qui pourrait n'être que le fruit avili de circonstances passagères, une surprise accidentelle de nos instincts trompés ; c'est que ces symptômes se e produisent avec toute la rigueur d'une réalisation systématique. Ils sont en germe dans nos doctrines sociales, dans nos philosophies sceptiques, qui ont bien soin d'envelopper leur poison de flatteries passionnées, qui, sous cette pourpre équivoque des systèmes, n'offrent autre chose, à l'homme que la théorie de son propre abâtardissement. Écoutez le sophisme le plus en faveur, celui qui a fait le plus de victimes peut-être : il vous dira comment le progrès réside justement dans cette annihilation des facultés individuelles ; il vous expliquera les merveilles de la répartition égale de l'intelligence ; il vous démontrera comment l'humanité, mise en possession d'elle-même, arrivant par degrés au niveau souhaité de vérité et de lumière, ne laisse plus même de place à l'essor et à l'action des talons éminents ; il vous révélera le secret de cet avenir où toutes ces choses qu'on nomme le génie, l'éloquence, l'inspiration ; sont des privilèges odieux et inutiles auxquels suppléent suffisamment l'instruction pri-

Charles de Mazade

maire et l'enseignement des droits du citoyen. C'est la philosophie de l'ignorance ajoutée à la *philosophie de la misère*. Admettez pourtant un moment cet étrange idéal d'une sorte de loi agraire intellectuelle en portant atteinte à ces qualités heureuses et rares par lesquelles les esprits se distinguent, qui les soumettent les uns aux autres et qui sont les mystérieuses faveurs de la nature, — changerez-vous aussi l'essence de cette nature, elle-même ? l'enchaînerez-vous dans ses besoins incessants, dans ses désirs toujours prêts à renaître ? Est-ce que l'immobilité, le repos, même dans la conquête, — est la loi du développement humain, et y a-t-il autre chose que des haltes passagères ? L'homme voit bientôt se rouvrir la série de ses efforts et de ses ardentes recherches de l'inconnu. Telle est sa condition, qu'il se sent pris de dégoût parfois pour ce qui, de loin, lui semblait le plus enviable et ce qui lui a coûté le plus à obtenir, qu'il est forcé de se créer un but nouveau, et de reprendre sa marche interrompue. La grande aventure de l'humanité recommence, et c'est là que se retrouve cette noble et heureuse nécessité des supériorités morales et intellectuelles, de cet *héroïsme* idéal dont l'imagination passionnée de Carlyle fait un *culte*. Culte étrange ! dira-t-on : — culte juste et fécond, dirai-je, — qui ne fait qu'exprimer ce besoin intime, incessant, pour une société civilisée, de sentir la vie se réfugier et palpiter dans des êtres d'élite, — politiques, penseurs ou artistes ! Mais si d'avance vous avez provoqué la stérilité des intelligences, si vous avez travaillé, comme à une œuvre méritoire, à la déconsidération du talent, si vous avez érigé la défiance de ces supériorités naturelles en vertu publique, vous n'aurez pas le despotisme du génie, cela se peut ; vous aurez préparé quelque chose de mieux, — le despotisme, la tyrannie des médiocrités ; qui se disputeront comme une proie le pouvoir, la science, la gloire politique ou littéraire, et vous feront passer sous les fourches caudines de leurs passions subalternes. Vous aurez les héros de lieux suspects escaladant la vie publique, les déclamateurs de tabagie dans le conseil et « tous les dialectes dans le sénat, » ainsi que le dit M. Chastes.

Ceci est ce qu'il y a de chimérique dans ces doctrines ; c'est le rêve creux de ceux qui caressent l'idée de l'égalisation universelle, qui imaginent une humanité abstraite où tout ce qui tend à s'élever est ramené au niveau commun, où la masse est prise pour type et pour idéal. Ce qu'il y a au fond d'hostile pour l'intelligence et pour l'esprit littéraire, qui vit du développement des facultés individuelles, n'est guère déguisé sans doute ; voulez-vous voir la traduction franche et brutale de la même pensée mise à nu ? jetez les yeux autour de vous et observez ce qui s'est exhalé, depuis deux ans de violences de venimeux outrages adressés à l'art et à l'esprit, de haines matérialistes ou d'injurieuses négations, et que M. Proudhon exprimait avec sa crudité cynique quand il disait : « Travailler et manger, c'est, n'en déplaise aux écrivains artistes, la seule fin apparente de l'homme. Le reste n'est qu'allée et venue de gens qui cherchent de l'occupation ou qui demandent du pain. Pour remplir cet humble programme, le profane vulgaire a dépensé plus de génie que tous les philosophes, les savants et les poètes n'en ont mis à composer leurs chefs-d'œuvre. » C'est ce même sophiste intrépide qui triomphait à prouver dans son livre de la *Philosophie de la misère* que le *talent* est une *difformité*, que la littérature est le « rebut de l'industrie intelligente, » et que, pour l'observateur philosophe, ce qu'on nomme la décadence de l'art n'est, après tout, « que le progrès de la raison virile importunée plutôt que réjouie de ces difficiles bagatelles. ». Ne vous souvenez-vous plus de cet obscur déclamateur qui, dans un jour de verve et d'épanouissement, assignait devant son tribunal la gloire de Chateaubriand, la gourmandait dans je ne sais quelle logomachie révolutionnaire, et lui accordait plaisamment quelques années encore pour s'éclipser, comme un astre éteint, du ciel démocratique ? Joignez-y cette troupe bariolée d'enfants stériles et mal venus de l'esprit occupés chaque jour à délayer dans une prose malsaine les paradoxes de Rousseau, politiques de club ou de journal, humanitaires, utilitaires ; — que sont, pour ces puissants civilisateurs des peuples, et le génie, et l'art immortel, et le bon goût, et l'élégance de la pensée ? C'est la tradition rajeunie de ceux qui virent une fois dans les lumières de l'esprit un titre à la proscription, qui rangeaient parmi les *suspects* les *hommes instruits*, et qui écrivaient à la convention ces propres paroles : « L'esprit public est remonté dans ce département ; les savants, les beaux esprits, les plumes élégantes ne sont plus ! .. » C'est la tradition de ce divin M. de Robespierre, qui ne voyait dans les écrivains que des corrupteurs publics. Qu'il y ait pourtant de véritables corrupteurs publics, là n'est point le doute. Ce n'est point peut-être Corneille trempant dans l'airain l'âme de ses héros, ce n'est point Racine idéalisant et purifiant la passion humaine, ce ne sont point tant de maîtres élevés de la science et de l'inspiration, ou même tant de talents dont la première loi est le respect de leur art. Cherchez plus bas : ce sont aujourd'hui ceux-là qui ont « sali l'âme de la France, » ainsi que le disait éloquemment M. de Montalembert ; ce sont ceux qui souillent l'imagination de l'homme, lui arrachent une à une ses convictions et ses croyances, et qui, après avoir tout détruit en lui, — tout, sauf la notion de sa propre intelligence, — s'efforcent encore d'obscurcir ce dernier reflet de son immortalité. – Ainsi, soit haine violente et stupide pesant sur l'essor de la pensée, soit corruption secrète s'insinuant dans les esprits au souffle de cette fausse idée de démocratie qui s'empare du monde, on aboutit, comme à une fatalité de nos malheurs, à cet épuisement de l'énergie intellectuelle, à cette dilapidation des dons sacrés de l'imagination, à cette déconsidération des facultés supérieures.

Quand enfin on aura songé à pourvoir à tous les besoins, à réparer tous les désastres, à relever tous les vaincus dans notre société assiégée et menacée, il faudra bien aussi ne point oublier cet autre vaincu resté sur le champ de bataille de nos passions, — l'art littéraire. Il faudra bien songer à fermer, s'il se peut, cette blessure large et béante faite à l'esprit en France par nos entraînements et nos doctrines mortelles. Pensez-vous que ce ne fût rien aujourd'hui, pour réveiller le sentiment de la vie, qu'une belle œuvre, un beau poème, un beau travail d'imagination ou de science apparaissant dans son éclat imprévu ? Cette vie des lettres, comment renaîtra-t-elle ? Sera-ce par ces moyens matériels en quelque sorte, tels que le bienfait d'une loi protectrice sur la propriété littéraire, les encouragements clandestins ou publics dont les gouvernements disposent, la destruction de cette audacieuse piraterie de la contrefaçon, l'abolition de la censure ? Etes-vous de ceux qui croient qu'avec un décret, la promesse d'un bénéfice honnête ou la suppression d'une entrave illusoire, on panse les plaies de l'intelligence ? Etes-vous d'avis qu'il suffise de palliatifs et de remèdes de cette nature pour ranimer ces deux choses impalpables qu'on nomme la sécurité, la confiance en politique, — l'inspiration en littérature ?

C'est une des merveilleuses fortunes de l'art de ne point être soumis, dans ses prospérités et dans ses revers, à l'action de ces stimulants secondaires. La source de sa vie est ailleurs. C'est dans cette région invisible où fermentent et se transforment les passions, les tendances, les opinions d'une époque, qu'est le secret de la décadence ou du rajeunissement des littératures ; c'est dans ce drame de la vie morale d'un peuple que se cache, pour les lettres, le germe de la corruption ou le principe d'une fécondité nouvelle. Toute force, toute croyance, toute illusion généreuse même que vous rendez à la société, n'est-elle pas un élément vierge pour l'art, pour la littérature ? Et c'est ainsi qu'au fond ce qu'on nomme la question littéraire n'est qu'une des faces de la grande et populaire question sociale. Grands politiques si ardents et si prompts à assumer l'entreprise du bonheur des sociétés, si jaloux de tenter sur elles l'expérience de vos rêves, ce n'est pas assez d'appeler la poésie et les arts réunis à nos fêtes comme des convives qui peuvent encore faire honneur, de leur demander de beaux ouvrages, des chants ou des statues : ils vous répondront par des hymnes des rues, par la prose des *Bulletins de la république*, ou par ces images monstrueuses et grotesques qui figuraient à vos pompes païennes. Il faudrait commencer par purifier cette atmosphère où nous vivons, par dissiper ces fanatismes vulgaires qui nous dévorent, par relever nos esprits flétris, rendre quelque noblesse à nos instincts, et raviver dans les cœurs l'intime notion de la vérité, du respect, de la supériorité morale. Il faudrait que le pays se sentît un peu vivre sous la sauvegarde des vérités sociales restaurées ; des principes de la civilisation de nouveau confirmés, en quelque sorte, par nos malheurs. Et ce n'est point seulement aux politiques que je m'adresse, c'est aux écrivains eux-mêmes. Les épreuves doivent avoir leur vertu pour les esprits comme pour les cœurs. Les humiliations de l'intelligence contemporaine n'ont point de sens, ou elles veulent dire que les écrivains aussi doivent puiser en eux la force de résolutions nouvelles. Il faut qu'ils épurent cette vie littéraire des éléments malsains qui s'y sont glissés, en rendant au travail son caractère et son prix, en fécondant leur inspiration par l'étude, en se retrempant dans les sévères douceurs de la discipline intellectuelle, en nourrissant l'amour de ces qualités rares qui font la puissance de l'art, en retrouvant le sentiment de la distinction et de la hiérarchie dans les lettres. Il faut aussi qu'il s'éveille une critique vigilante et fidèle, disposée à signaler chaque, jour et à chaque heure les révoltes brutales, les défections et les retours heureux. J'en appelle à cet esprit délicat et sûr, trop désintéressé peut-être dans la certitude où il est d'avoir conservé ce que tant d'autres ont perdu, et dont la clairvoyance révélait autrefois l'approche des *barbares* en littérature.

C'est à tout ce qu'il y a de jeune en France aujourd'hui à songer que tout ce qui se tente, se prépare ou s'accomplit, politiquement, moralement et littérairement, c'est son avenir ; c'est à tout ce qu'il y a d'âmes fières et de raisons viriles à briser ce réseau d'influences désastreuses qui nous enveloppe, à rejeter l'injure de ces odieuses superstitions que l'esprit de sophisme met en honneur, et à se hâter de faire un choix. La démocratie est la loi du XIXe siècle ! soit ; mais, comme il ne s'est révélé jusqu'ici, dans toutes les voies de l'activité sociale, qu'une démocratie prenant pour symbole le niveau passé sur les facultés humaines, soulevant sur son passage un souffle destructeur de toutes les distinctions et de toutes les supériorités morales, et travaillant à créer une égalité dégradante dans l'abaissement de l'intelligence littéraire comme de l'intelligence politique, il faut bien qu'il existe une autre manière d'entendre la démocratie, qui puisse, en faire le règne des émulations généreuses du génie et de la vertu ; ou ce ne serait qu'un système indigne de trouver place dans l'âme d'un honnête homme et dans l'esprit d'un penseur.

ISBN : 978-1548068653